# Conceptos Básicos de Ciberseguridad Para Principiantes

Comprender las amenazas en línea, la protección de contraseñas y cómo mantenerse seguro en un mundo conectado



*Por Joe Co*

Publicado por Live Stronger Faster



Primera edición

# Tabla de contenido

# Introducción

Vivimos en un mundo más conectado que nunca. Desde termostatos inteligentes y rastreadores de actividad física hasta la banca en línea y los datos empresariales almacenados en la nube, nuestras vidas personales y profesionales están profundamente entrelazadas con el entorno digital. Si bien esta comodidad ofrece oportunidades increíbles, también abre la puerta a riesgos sin precedentes. Cada día, millones de personas se exponen sin saberlo a hackers, estafas de phishing, robo de identidad y filtraciones de datos, no porque sean descuidadas, sino porque simplemente no saben qué señales deben observar. Ahí es donde comienza este libro, y esta serie.

Conceptos básicos de ciberseguridad para principiantes es su guía amigable, sin necesidad de jerga técnica, para comprender las amenazas digitales que lo rodean y aprender a protegerse a sí mismo y a su información. Este libro fue escrito para personas comunes — no para expertos en tecnología. Ya sea que usted sea un padre que intenta mantener seguros a sus hijos en línea, un dueño de negocio que necesita proteger los datos de sus clientes, o alguien que simplemente quiere dejar de ser víctima de hackeos y estafas, está en el lugar correcto.

La ciberseguridad no es solo para departamentos de TI o agencias gubernamentales. Es para todos. De hecho, los ciberdelincuentes suelen depender de la ignorancia y la complacencia. No necesitan "hackear" sistemas sofisticados cuando pueden simplemente engañar a alguien para que haga clic en un enlace malicioso o reutilice la misma contraseña débil en decenas de cuentas. La verdad es que la mayoría de las violaciones de seguridad se pueden prevenir con los hábitos, herramientas y conocimientos adecuados — y eso es exactamente lo que este libro le enseñará.

Comenzaremos con lo básico: qué significa realmente la ciberseguridad, los tipos de amenazas a los que puede enfrentarse y por qué es más urgente ahora que nunca. A partir de ahí, desglosaremos qué hace que una contraseña sea segura (y cómo recordarla), cómo detectar correos electrónicos de phishing y sitios web falsos, y cómo utilizar la autenticación de dos factores y las VPN para proteger sus datos como un profesional. También aprenderá cómo proteger sus dispositivos, redes e incluso a los miembros de su familia utilizando estrategias simples y de bajo costo.

El objetivo de este libro no es abrumarlo con términos técnicos ni asustarlo hasta la paranoia. Es empoderarlo con pasos prácticos que puede aplicar de inmediato — incluso si nunca se ha considerado una persona experta en tecnología. No necesita un título en informática para mantenerse seguro en línea. Solo necesita la mentalidad correcta y la información adecuada, presentada de manera clara y accionable.

Este es el Libro 1 de la serie Cyber Shield Academy, un recorrido de 10 partes desde principiante hasta experto en ciberseguridad. Cada libro de la serie está diseñado para ayudarle a dominar un área clave de la ciberseguridad y la privacidad digital — desde comprender amenazas y asegurar sus dispositivos, hasta proteger su pequeño negocio, dominar la comunicación segura y comprender las leyes de privacidad de datos. Obtendrá herramientas prácticas, ejemplos del mundo real y guías paso a paso para desarrollar su confianza digital, un tema a la vez.

Antes de comenzar, recuerde algo importante: las amenazas digitales están creciendo, pero también lo está su capacidad para superarlas. Este libro es el primer paso para recuperar su control en el mundo digital. Internet llegó para quedarse — y también los riesgos — pero con la protección adecuada, puede mantenerse seguro, confiado y en control.

Comencemos su viaje en la ciberseguridad.

# Capítulo 1: ¿Qué es la ciberseguridad y por qué es importante?

### *Comprendiendo la ciberseguridad: el campo de batalla moderno*

La ciberseguridad es la práctica de proteger computadoras, servidores, dispositivos móviles, redes y datos de ataques maliciosos. En el mundo conectado de hoy, casi todo lo que hacemos —desde operaciones bancarias y compras hasta comunicarnos y trabajar— depende de sistemas digitales. Estos sistemas hacen la vida más fácil, pero también crean vulnerabilidades. La ciberseguridad actúa como la armadura invisible que utilizamos para proteger nuestra presencia digital contra el robo, la explotación y la destrucción.

Piense en la ciberseguridad como una combinación entre una rutina de higiene personal y un sistema de defensa nacional. A pequeña escala, se trata de usar contraseñas seguras, bloquear su teléfono y evitar enlaces sospechosos. A gran escala, incluye proteger hospitales contra ataques de ransomware, resguardar redes eléctricas de intrusiones extranjeras y defender a pequeñas empresas de filtraciones de datos de clientes. Ya sea usted un individuo o una organización, la ciberseguridad es su primera línea de defensa.

## Los riesgos reales: no es "si pasa", sino "cuándo"

Muchas personas creen erróneamente que los ciberataques solo ocurren a grandes empresas o personas adineradas. En realidad, la mayoría de los ataques se dirigen a individuos comunes y pequeños negocios. ¿Por qué? Porque son objetivos fáciles. A menudo no cuentan con seguridad avanzada, y los hackers pueden automatizar ataques masivos para explotar debilidades.

Si alguna vez le han hackeado una red social, ha recibido un correo sospechoso de "su banco" o ha visto cargos extraños en su tarjeta de crédito, ya ha experimentado estos riesgos. Los ciberdelincuentes utilizan phishing, sitios web falsos, malware oculto en aplicaciones y descargas gratuitas. Estas tácticas requieren poco esfuerzo, pero pueden robar su identidad, vaciar su cuenta bancaria o dañar su reputación.

La ciberseguridad ya no es opcional. El panorama de amenazas evoluciona cada día — y es su responsabilidad mantenerse un paso adelante. Aprender lo básico es el primer y más importante paso.

## Los pilares fundamentales de la ciberseguridad

La ciberseguridad se basa en varios pilares clave que trabajan juntos para formar un sistema completo de protección. El primero es la confidencialidad — mantener la información sensible privada y fuera del alcance de personas no autorizadas. Esto incluye contraseñas, números de seguro social, documentos empresariales e historiales médicos. Sin confidencialidad, la confianza en los sistemas digitales desaparece.

El siguiente es la integridad — asegurar que los datos se mantengan precisos y sin alteraciones no autorizadas. Imagine si un hacker pudiera cambiar sus registros bancarios, historial médico o archivo laboral sin que usted lo sepa. Mantener la integridad de los datos garantiza que lo almacenado sea real.

Luego está la disponibilidad — garantizar que la información y los sistemas estén accesibles para las personas correctas cuando los necesiten. Los ataques de denegación de servicio (DoS), por ejemplo, pueden derribar sitios web o servicios completos.

Estos tres principios —confidencialidad, integridad y disponibilidad— se conocen como la "Tríada CIA".

### Los ciberdelincuentes: quiénes son y qué buscan

No todos los hackers usan sudaderas y trabajan desde un sótano. En realidad, los ciberdelincuentes vienen en muchas formas — y no todos son humanos. Algunos son individuos que buscan ganancias personales, mientras que otros son grupos patrocinados por gobiernos que realizan guerra digital. Algunos utilizan ransomware para bloquear sistemas y exigir pagos. Otros se hacen pasar por su banco o empleador. Y muchos utilizan bots y herramientas automatizadas para atacar a miles de personas al mismo tiempo.

Sus motivaciones varían: dinero, influencia política, venganza, acceso a propiedad intelectual o reconocimiento en el mundo clandestino digital. Algunos ataques son aleatorios, mientras que otros son altamente dirigidos y sofisticados. Cuanto más entienda la mentalidad de un ciberdelincuente, mejor podrá protegerse.

Este capítulo no trata de generar miedo — trata de crear conciencia. Una vez que reconoce los tipos de amenazas y quién está detrás de ellas, comienza a recuperar el control.

## El costo de la ignorancia: consecuencias personales y profesionales

Las consecuencias de ignorar la ciberseguridad van mucho más allá de una cuenta de Facebook hackeada. A nivel personal, pueden robar su identidad, vaciar su cuenta bancaria, dañar su crédito o filtrar sus fotos. A nivel profesional, una sola filtración de datos puede destruir la reputación de una empresa, provocar demandas o generar pérdidas financieras devastadoras.

Por ejemplo, un pequeño empresario puede perder todos los datos de sus clientes debido a un ataque de phishing. Un freelancer puede perder todo su portafolio por ransomware. Incluso un solo clic en el enlace equivocado puede liberar malware que se propaga por dispositivos y redes.

La ciberseguridad no es solo un tema técnico — es un tema de vida. Afecta sus finanzas, su trabajo, su familia y su tranquilidad. Cuanto más proactivo sea, menos tendrá que reaccionar cuando algo salga mal.

**Mentalidad de principiante: no necesita ser un experto**

La buena noticia es que aprender ciberseguridad no requiere un título en tecnología ni habilidades de programación. Lo que sí requiere es conciencia, formación de hábitos y la disposición de asumir la responsabilidad de su vida digital. Igual que cerrar la puerta con llave por la noche, la ciberseguridad debe convertirse en algo natural.

Empiece por comprender el valor de su información. Cada correo electrónico, contraseña o foto puede ser un punto de entrada para un ciberdelincuente. Luego, adquiera el hábito de cuestionarlo todo: ¿este correo es realmente de quien dice ser?, ¿este sitio web es seguro?, ¿mi contraseña es fácil de adivinar? Estos pequeños cambios pueden tener un gran impacto en su protección.

Este capítulo establece la base para el resto del libro y de toda la serie. Puede avanzar hacia prácticas más avanzadas con el tiempo, pero recuerde: la ciberseguridad comienza con una decisión — tomar en serio su seguridad digital.

# Capítulo 2: Contraseñas, frases de contraseña y cómo proteger tus accesos

## *Por qué las contraseñas siguen siendo la puerta principal de tu vida digital*

Las contraseñas son la forma más antigua de seguridad digital, y aun así siguen siendo uno de los puntos más débiles en la ciberseguridad personal. Cada aplicación, correo electrónico, banco y cuenta en la nube comienza con un inicio de sesión: un nombre de usuario y una contraseña. Pero si esa única línea de defensa es débil, todo lo que hay detrás queda expuesto.

Muchas personas piensan que los ciberdelincuentes descifran contraseñas con algoritmos avanzados, pero la realidad suele ser más simple: explotan el comportamiento humano. Las personas tienden a reutilizar contraseñas, usar palabras fáciles de adivinar (como "password123") o almacenarlas de forma insegura. Por eso, más del 80% de las filtraciones de datos están relacionadas con contraseñas débiles o reutilizadas. Mejorar tus prácticas de acceso es una de las formas más fáciles y efectivas de protegerte.

## La diferencia entre una contraseña y una frase de contraseña

Existe una diferencia entre contraseña y frase de contraseña.

Una contraseña suele ser una palabra o combinación corta, como “Verano2024!” o “Johnny!123”. Una frase de contraseña es más larga y parecida a una oración, como “JirafasBailanMedianoche2025!” o “AmoMiPerroRufus&CaféDiario”.

Las frases de contraseña son más difíciles de adivinar, más fáciles de recordar y mucho más seguras. Una buena contraseña o frase debe cumplir tres principios: longitud, complejidad y unicidad.

La longitud es clave: cuanto más larga, mejor.
La complejidad implica usar mayúsculas, minúsculas, números y símbolos.
La unicidad significa no reutilizarla en varias cuentas.

Evita nombres, fechas de nacimiento o cualquier dato personal. Usar una sola contraseña para todo es como usar la misma llave para tu casa, coche y oficina: si alguien la obtiene, lo pierde todo.

## El peligro de reutilizar contraseñas

Reutilizar contraseñas puede parecer conveniente, especialmente en cuentas poco importantes. Pero los hackers suelen comenzar por las plataformas más débiles y luego escalar hacia cuentas más valiosas.

Esta técnica se llama "credential stuffing": utilizan credenciales filtradas en otras páginas para probarlas automáticamente en múltiples servicios. Si usaste la misma contraseña en una app y en tu correo, podrías perder acceso a todo.

Usar contraseñas únicas es esencial, especialmente en:
correo electrónico, banca, almacenamiento en la nube y cuentas laborales.

## Cómo gestionar contraseñas sin volverte loco

Con tantas cuentas, es imposible recordarlo todo. La solución: gestores de contraseñas.

Un gestor de contraseñas es una bóveda digital segura que almacena y genera contraseñas únicas. Solo necesitas recordar una contraseña maestra. Herramientas como 1Password, Bitwarden o LastPass cifran tus datos y los sincronizan entre dispositivos.

Si no quieres usar uno aún, puedes:
usar un cuaderno físico seguro o crear frases de contraseña con una fórmula personal.

Evita guardar contraseñas en notas del navegador, correos o archivos sin cifrar.

## Añadiendo una segunda capa: autenticación en dos factores (2FA)

Incluso la mejor contraseña puede ser vulnerada. Por eso, la autenticación en dos factores es esencial.

Después de ingresar tu contraseña, se solicita un código adicional (por SMS, email o apps como Google Authenticator o Authy). Esto funciona como una segunda cerradura.

Activa 2FA en:
correo, banco, redes sociales y almacenamiento en la nube.

Evita el SMS si es posible, ya que puede ser interceptado. Las apps autenticadoras o llaves físicas como YubiKey son más seguras.

## Pensar como un experto en contraseñas

La ciberseguridad es también mentalidad. Trata tus contraseñas como dinero. No dejarías efectivo expuesto, pero muchas personas guardan contraseñas sin protección.

Hazte preguntas constantemente:
¿Estoy en el sitio correcto?
¿Esta conexión es segura?
¿He reutilizado esta contraseña?

Toma pequeñas acciones diarias:
audita tus contraseñas, actualiza las débiles, usa 2FA y revisa regularmente.

---

## Historia: Derrick y la lección que lo cambió todo

Derrick siempre se consideró "bueno con la tecnología". Tenía un negocio en línea y gestionaba múltiples cuentas. Pero una noche fue bloqueado de su propio sitio web. Luego perdió acceso a su correo. Finalmente recibió un mensaje: "Hemos tomado el control de tus cuentas. Paga $500 en Bitcoin."

El problema fue simple: reutilizó una contraseña antigua en múltiples sitios. Cuando ocurrió una filtración, los atacantes la usaron para acceder a todo.

Perdió acceso a PayPal, Gmail y Shopify. Los hackers enviaron correos fraudulentos a sus clientes y redirigieron pedidos.

Después del ataque, Derrick aprendió sobre "credential stuffing" y descubrió su contraseña en bases de datos filtradas. Decidió cambiar todo.

Creó frases largas como:
"Piña$TamboresVuelan1994!"
"CaféLibros&JazzSiempre"

Activó 2FA, instaló un gestor de contraseñas y fortaleció su seguridad.

Con el tiempo, convirtió su experiencia en una ventaja. Empezó a ayudar a clientes a proteger sus cuentas y ofrecer auditorías de seguridad.

Perdió dinero y tiempo, pero ganó algo más valioso: conciencia.

Hoy, Derrick ya no reutiliza contraseñas. Su negocio es más seguro y su mentalidad más fuerte.

Entendió algo clave:
una contraseña fuerte no es solo una clave — es la cerradura que protege todo lo demás.

# Capítulo 3: Cómo reconocer estafas, phishing y ataques de ingeniería social

Los ciberdelincuentes no suelen hackear, engañan. Las amenazas de ciberseguridad muchas veces no comienzan con firewalls vulnerados ni con malware avanzado, sino con el engaño. Una de las herramientas más efectivas y peligrosas en el arsenal de un hacker no es el código, sino la manipulación. La ingeniería social es el arte de engañar a alguien para que entregue información sensible o conceda acceso a sistemas sin necesidad de forzar la entrada. Estos ataques explotan la naturaleza humana, no las máquinas. Se basan en la urgencia, el miedo, la confianza y la curiosidad para evadir las defensas digitales. De hecho, el phishing y la ingeniería social representan la mayoría de las brechas exitosas, lo que demuestra que no solo el sistema debe protegerse, sino también la mente humana.

El phishing es la forma más común de ingeniería social. Generalmente implica correos electrónicos, mensajes de texto u otras comunicaciones fraudulentas que parecen provenir de una fuente confiable, como un banco, una tienda conocida o incluso alguien de la lista de contactos. Estos mensajes suelen exigir acción inmediata: “Haz clic aquí para verificar tu cuenta”, “Tu contraseña fue comprometida – cámbiala ahora”, o "Detectamos actividad inusual en tu tarjeta". A menudo incluyen enlaces a sitios web que parecen idénticos a los reales, pero son falsos. Una vez que se introducen los datos, estos se envían directamente al atacante.

Estas estafas evolucionan constantemente. Hoy pueden incluir información personal, logotipos de empresas e incluso hilos completos de correos electrónicos. El objetivo es crear una falsa sensación de legitimidad. Un solo clic o respuesta puede bastar para perder el control de la identidad digital. Reconocer señales de alerta como errores gramaticales, enlaces sospechosos, archivos adjuntos inesperados o mensajes que presionan para actuar rápidamente es la primera línea de defensa.

No todos los ataques de phishing son masivos o genéricos. Algunos son altamente dirigidos y personalizados. Esto se conoce como spear phishing, donde el atacante investiga a una persona u organización específica y crea mensajes diseñados especialmente para ella. Estos ataques son más difíciles de detectar porque parecen relevantes y pueden hacer referencia a proyectos, personas o departamentos reales. También existen otras variantes, como el smishing, que ocurre a través de mensajes de texto SMS, y el vishing, que se realiza mediante llamadas telefónicas. Un mensaje de smishing puede simular una notificación de entrega o una alerta bancaria, mientras que una llamada de vishing puede hacerse pasar por soporte técnico o una autoridad. Estos métodos son especialmente peligrosos porque parecen reales y urgentes, y muchas personas no se detienen a verificarlos.

La ingeniería social no se limita a mensajes falsos, es profundamente psicológica. Los atacantes explotan emociones como el miedo, la urgencia, la autoridad, la emoción o el deseo de ayudar. Pueden hacerse pasar por un compañero de trabajo que perdió acceso a su cuenta, por un cliente con prisa o incluso por el propio usuario. Lo más peligroso es que todo parece completamente normal. Se puede recibir una llamada de alguien que afirma ser del departamento de tecnología solicitando credenciales para "actualizar el sistema", o un correo que parece del director solicitando una compra urgente. Estos ataques tienen éxito no porque las personas sean ignorantes, sino porque la solicitud parece rutinaria. No dependen de tecnología avanzada, sino de decisiones humanas como decir sí, hacer clic demasiado rápido o confiar sin verificar.

Defenderse contra estos ataques comienza con el escepticismo. No se debe asumir que un mensaje es legítimo, aunque parezca familiar. Siempre es importante verificar la dirección completa del remitente, revisar los enlaces antes de hacer clic y comprobar el dominio del sitio web. Si algo parece sospechoso, es mejor detenerse y no actuar bajo presión. Tomarse unos minutos para verificar puede marcar la diferencia. Se recomienda contactar directamente al remitente utilizando un número confiable y reportar cualquier mensaje sospechoso a los sistemas correspondientes. Aunque los sistemas modernos de correo filtran muchos intentos de phishing, ninguno es perfecto. Es fundamental mantenerse alerta, especialmente cuando los mensajes involucran dinero, contraseñas o solicitudes urgentes. Si se cae en una estafa, se debe actuar rápidamente cambiando contraseñas, notificando al banco y reportando el incidente.

Los antivirus y firewalls protegen los dispositivos, pero la defensa más poderosa es la propia persona. Cada individuo es la primera y última línea de defensa. Construir un "firewall humano" implica desarrollar conciencia, buenos hábitos y pensamiento crítico. Es importante limitar la información personal que se comparte en línea y tratar cualquier mensaje inesperado con precaución. Los ciberdelincuentes no necesitan romper sistemas si pueden engañar a alguien para que abra la puerta. Cuando se entienden estas tácticas y se aprende a identificarlas, su poder comienza a desaparecer. Todas las estafas tienen algo en común: dependen de que la persona crea que son reales. Cuando se deja de caer en el engaño, los atacantes pierden su ventaja.

Janet era una asistente ejecutiva muy organizada en un bufete de abogados en crecimiento en Austin. Su bandeja de entrada estaba siempre llena de correos de proveedores, abogados y clientes, y se enorgullecía de no perder nunca el ritmo. Un viernes por la mañana recibió un correo marcado como urgente, aparentemente enviado por David, el socio principal. El asunto decía que necesitaba tarjetas de regalo para una reunión con un cliente ese mismo día. El mensaje era breve y directo, solicitando que comprara cinco tarjetas de Apple de 200 dólares cada una y enviara los códigos antes de las 11 de la mañana, prometiendo reembolsarle después.

Janet no dudó. Estaba acostumbrada a manejar solicitudes de último minuto. Fue a la tienda más cercana, compró mil dólares en tarjetas de regalo con su propia tarjeta de crédito y envió los códigos. Poco después recibió otro correo pidiendo más tarjetas. Esa segunda solicitud le hizo dudar. Revisó nuevamente la dirección del remitente y notó algo extraño: no era el correo oficial de la empresa, sino una cuenta de Gmail muy similar, con una ligera variación en una letra. Sintió un vacío en el estómago. Contactó al verdadero David a través de su correo real, quien respondió rápidamente que él no había enviado ese mensaje y que alguien estaba haciéndose pasar por él.

El daño ya estaba hecho. Los códigos de las tarjetas habían sido utilizados en cuestión de minutos. Janet llamó a su banco, pero no pudo recuperar el dinero. Se sintió mal al darse cuenta de que el correo parecía completamente auténtico, con el tono, la firma y el lenguaje que David usaría. No había errores evidentes. Todo parecía real. Janet no era ingenua ni descuidada; simplemente fue engañada.

La semana siguiente, la empresa organizó una capacitación en ciberseguridad. Janet asistió decidida a entender qué había sucedido. Aprendió que este tipo de ataque se llama compromiso de correo empresarial, una forma de ingeniería social que no depende de vulnerar sistemas, sino de manipular el comportamiento humano. También aprendió sobre phishing masivo, spear phishing dirigido y spoofing, donde las direcciones de correo imitan casi perfectamente a las reales. Entendió que el truco está en los pequeños detalles: una letra diferente, un símbolo adicional o un dominio ligeramente modificado.

Lo que más le impactó fue lo normal que parecía todo. No le generó sospechas porque encajaba perfectamente en su rutina. Desde entonces, adoptó nuevas prácticas: verificar siempre los remitentes, no hacer clic en enlaces sospechosos, no enviar dinero sin confirmar por teléfono y desconfiar de cualquier solicitud urgente fuera de lo común.

Con el tiempo, comenzó a compartir su experiencia con colegas, amigos y familiares para evitar que otros cometieran el mismo error. Meses después, recibió otro correo sospechoso de un proveedor falso. Esta vez notó señales extrañas y decidió no hacer clic. En su lugar, llamó al proveedor real, quien confirmó que el mensaje era fraudulento. Janet sonrió al darse cuenta de que había detenido un ataque antes de que comenzara.

Desde ese momento, dejó de ver la ciberseguridad como algo técnico y empezó a verla como algo personal, una mentalidad y un hábito. Ya no se consideraba una víctima, sino una guardiana digital. Y cada vez que recibía un mensaje sospechoso, recordaba que la estafa solo funciona si se cree en ella. Ahora estaba preparada.

# Capítulo 4: Cómo proteger tus dispositivos — teléfonos, computadoras y tabletas

***Por qué tus dispositivos son los objetivos más importantes***

La mayoría de las personas piensa en la ciberseguridad como algo abstracto — firewalls, antivirus, redes encriptadas — pero en realidad comienza con los dispositivos que utilizas todos los días. Tu teléfono, computadora portátil y tableta son puertas de acceso a tu correo electrónico, cuentas bancarias, fotos, archivos de trabajo e identidad. Si un ciberdelincuente obtiene acceso a tu dispositivo, a menudo obtiene acceso a todo. Por eso la seguridad de los dispositivos es la base de todos los esfuerzos de ciberseguridad. Ya sea que trabajes desde casa, viajes o simplemente navegues por internet, proteger tus dispositivos personales no es opcional. Los hackers no siempre buscan vulnerabilidades en la nube — muchas veces solo buscan la forma más fácil de entrar a tu teléfono o computadora.

Mantén tu software y sistema operativo actualizados

Uno de los pasos más ignorados pero más críticos en la seguridad de dispositivos es mantener el sistema operativo y las aplicaciones completamente actualizados. Ya sea que uses iOS, Android, Windows o macOS, los desarrolladores publican regularmente actualizaciones para cerrar brechas de seguridad. A los hackers les encanta el software desactualizado porque les da una puerta abierta al sistema, utilizando vulnerabilidades conocidas que ya han sido corregidas en versiones más recientes. Cada vez que ignoras las notificaciones de actualización o haces clic en "recordarme más tarde", estás dejando tu dispositivo expuesto.

Hazlo un hábito semanal actualizar todos tus dispositivos. Activa las actualizaciones automáticas siempre que sea posible, especialmente para el sistema operativo, navegadores y aplicaciones principales como correo electrónico o almacenamiento en la nube. El software actualizado no solo mejora el rendimiento, también corrige vulnerabilidades que los ciberdelincuentes buscan activamente.

Refuerza la pantalla de bloqueo y los ajustes de acceso

Tu primera línea de defensa es la pantalla de bloqueo. Es la puerta principal de tu mundo digital. Una protección débil hace que cualquier persona — un ladrón, compañero de trabajo o extraño — pueda acceder a tus datos en segundos. Activa siempre el bloqueo de pantalla en todos tus dispositivos y usa el método más seguro disponible. En teléfonos y tabletas, evita los PIN de 4 dígitos. Utiliza un código largo, huella digital o reconocimiento facial si está disponible.

En computadoras, utiliza una contraseña o frase segura para iniciar sesión y activa el cifrado completo del disco (como BitLocker en Windows o FileVault en macOS). Estas configuraciones evitan el acceso a tus archivos si el dispositivo se pierde o es robado. También configura el bloqueo automático tras unos minutos de inactividad. Nunca dejes un dispositivo desbloqueado sin supervisión.

Instala software de seguridad y activa los firewalls

Ningún dispositivo debería funcionar hoy sin antivirus y firewall adecuados. Aunque los sistemas modernos incluyen protección básica, no siempre es suficiente. Utiliza un antivirus confiable para detectar y bloquear malware, ransomware y spyware. Muchas opciones también ofrecen monitoreo en tiempo real y protección de navegación.

El firewall es igual de importante. Actúa como un guardián que controla el tráfico entrante y saliente. Asegúrate de que esté activado para evitar accesos no autorizados y evitar que programas maliciosos envíen información a hackers.

En dispositivos móviles, también es recomendable usar protección contra malware, especialmente si instalas aplicaciones fuera de tiendas oficiales. En Android, ten especial cuidado con los permisos y el origen de las apps.

Asegura tu Wi-Fi y evita redes públicas
Tu dispositivo es tan seguro como la red a la que se conecta. Las redes domésticas deben estar protegidas con cifrado WPA2 o WPA3. Cambia la contraseña predeterminada del router y utiliza una segura. También cambia el nombre de la red para evitar revelar información personal.

Las redes Wi-Fi públicas son un riesgo. Cafeterías, aeropuertos y hoteles pueden ser explotados mediante ataques intermediarios. Si debes usarlas, evita acceder a cuentas sensibles sin protección. Lo más seguro es utilizar una VPN, que cifra tu conexión y protege tu información.

Realiza copias de seguridad y prepárate para pérdidas
Ningún sistema es infalible. Los dispositivos pueden perderse o ser robados. Por eso es esencial hacer copias de seguridad automáticas. Usa almacenamiento local y en la nube para mayor seguridad. Servicios como iCloud, Google Drive o OneDrive permiten respaldos automáticos.

También activa funciones de rastreo y borrado remoto. Tanto Apple como Android permiten localizar y borrar dispositivos perdidos. Esto puede proteger tu información si cae en manos equivocadas.

En resumen, proteger tus dispositivos no se trata de paranoia, sino de preparación. Pequeños cambios pueden reducir significativamente tu riesgo. Tu teléfono y computadora contienen tu vida. Protégelos como protegerías tu casa o tu identidad.

Luis acababa de terminar un largo día de trabajo en un café del aeropuerto. Como diseñador freelance, trabajaba donde pudiera. Ese día estaba terminando una presentación para un cliente mientras esperaba un vuelo retrasado a Miami.

Apurado por llegar a la puerta de embarque, recogió sus cosas — pero olvidó su laptop. No se dio cuenta hasta estar sentado en el avión. Su MacBook, con archivos, fotos, contraseñas y sesiones abiertas, había quedado en la mesa.

Durante el vuelo, entró en pánico. No tenía bloqueo automático, ni protección adecuada. Sus contraseñas estaban guardadas en notas visibles. Se dio cuenta de lo vulnerable que era.

Intentó recuperar el equipo, pero no tuvo éxito. Tampoco tenía copias de seguridad recientes. Al día siguiente, clientes reportaron intentos de acceso sospechosos.

Un amigo le dijo la verdad: no protegió su dispositivo.

Luis comenzó a cambiar contraseñas, activar autenticación y recuperar cuentas, pero el daño ya estaba hecho. Perdió clientes y credibilidad.

Decidió cambiar todo. Compró una nueva laptop y la configuró con máxima seguridad: cifrado, contraseñas fuertes, bloqueo automático, antivirus y firewall.

Configuró copias de seguridad diarias y comenzó a usar un gestor de contraseñas.

Pero el mayor cambio fue mental. Dejó de ver la seguridad como algo opcional.

Compartió su experiencia y ayudó a otros a protegerse.

Meses después, volvió a trabajar en un aeropuerto, pero esta vez con total seguridad: VPN activa, sistema protegido y respaldo completo.

Luis entendió algo fundamental: la ciberseguridad no empieza con herramientas complejas, empieza con hábitos diarios.

Sus dispositivos contienen toda su vida. Protegerlos no es solo inteligente — es esencial para sobrevivir en el mundo digital.

# Capítulo 5: Navegación segura en internet y cómo proteger tu actividad en línea

### *Internet no es automáticamente seguro*

Navegar por internet se ha convertido en algo natural — como respirar en el mundo digital. Pero cada vez que te conectas, entras en un espacio lleno de oportunidades increíbles y peligros ocultos. Hackers, anunciantes, estafadores y brokers de datos compiten por recopilar tu información, monitorear tu comportamiento o engañarte para que hagas clic en algo malicioso. La idea de que "si no entro a sitios peligrosos, estoy seguro" está completamente desactualizada. Las amenazas están incluso en plataformas aparentemente confiables, anuncios, descargas y resultados de búsqueda. Por eso, desarrollar hábitos de navegación segura es fundamental para cualquier persona que use internet diariamente.

Tu navegador es la ventana principal a internet, y algunos son más seguros que otros. Aunque Chrome, Safari, Firefox y Edge son populares, difieren en cómo manejan la privacidad y la seguridad. Firefox y Brave, por ejemplo, ofrecen protección contra rastreo integrada y funciones de privacidad más sólidas que Chrome. Elegir un navegador enfocado en la seguridad te da una ventaja inmediata. Mantén siempre tu navegador actualizado, ya que las nuevas versiones corrigen vulnerabilidades que los ciberdelincuentes explotan. Evita usar versiones antiguas y elimina extensiones innecesarias, ya que algunas pueden contener código malicioso.

Uno de los métodos más efectivos de ataque es engañar a los usuarios para que visiten sitios falsos o peligrosos. Estos pueden parecer idénticos a los reales, como el de tu banco o una tienda conocida, pero están diseñados para robar tus credenciales o instalar malware. Verifica siempre la dirección web antes de introducir información. Los sitios seguros suelen comenzar con "https://" y mostrar un candado, aunque estos indicadores no son infalibles. Evita hacer clic en ventanas emergentes sospechosas, botones falsos de descarga o anuncios engañosos. Si recibes un enlace por mensaje o correo, no hagas clic sin verificarlo.

Muchas personas utilizan redes Wi-Fi públicas en cafeterías, aeropuertos u hoteles sin saber que están en riesgo. Estas redes son fáciles de explotar mediante ataques que interceptan datos. La mejor protección es usar una VPN, que cifra tu conexión y la hace ilegible para otros en la red. Esto es esencial al acceder a cuentas sensibles fuera de casa. Es importante usar servicios VPN confiables, ya que algunos gratuitos comprometen tu privacidad.

Más allá de evitar sitios peligrosos, tus hábitos de navegación influyen directamente en tu seguridad. Evita guardar contraseñas en el navegador, especialmente en dispositivos compartidos. Usa un gestor de contraseñas. Borra cookies y caché regularmente. Cierra sesión en cuentas importantes y revisa los permisos que otorgas a los sitios web, como acceso a cámara o ubicación. Limita la información que tu navegador almacena y evita sincronizar datos sin cifrado.

La navegación segura no se trata de tener miedo, sino de ser inteligente. Usa motores de búsqueda enfocados en privacidad, desactiva el autocompletado de datos sensibles y utiliza extensiones que bloqueen anuncios y rastreadores. Cada interacción en línea es una oportunidad para que alguien intente explotarte. Si reduces la velocidad y prestas atención, disminuyes significativamente los riesgos.

Naomi estaba en su descanso del trabajo navegando en un blog de moda cuando vio un anuncio llamativo: “Oferta por tiempo limitado — bolsos de diseñador por $49”. El anuncio parecía legítimo, con logotipos y un contador de tiempo. Hizo clic.

El sitio parecía real, con diseño profesional y reseñas. Eligió un bolso e ingresó su tarjeta. Horas después, no recibió confirmación. Cuando volvió al sitio, ya no existía.

Al día siguiente, su banco detectó actividad fraudulenta. Canceló la tarjeta, pero el daño ya estaba hecho. El sitio era una estafa diseñada para robar datos.

Naomi aprendió sobre phishing, sitios falsos y anuncios maliciosos. Se dio cuenta de que no fue hackeada — confió en algo falso.

Su hermano, experto en ciberseguridad, le explicó que esto se llama “malvertising”. La ayudó a configurar su navegador, instalar bloqueadores y mejorar su seguridad.

Desde entonces, Naomi cambió sus hábitos. Verificaba URLs, evitaba anuncios y usaba VPN en redes públicas. Eliminó el autocompletado y dejó de guardar tarjetas en el navegador.

Con el tiempo, se volvió más consciente y segura. Incluso ayudó a un compañero a recuperar su cuenta tras caer en phishing.

Semanas después, vio otro anuncio sospechoso. Esta vez no hizo clic. Buscó directamente en un sitio confiable.

Fue una pequeña victoria.

Desde ese día, entendió que internet no es seguro por defecto.

Cada clic es una decisión. Y ahora, ella elige con inteligencia.

# Capítulo 6: Cómo proteger tus datos personales y tu privacidad en línea

### *Estás compartiendo más de lo que crees*

Cada vez que navegas por internet, publicas en redes sociales, compras en línea o usas una aplicación, estás compartiendo datos — a veces de forma voluntaria y muchas veces sin darte cuenta. Tu nombre, correo electrónico, número de teléfono, ubicación, tipo de dispositivo y hábitos de navegación están siendo rastreados constantemente por sitios web, plataformas, anunciantes y, en algunos casos, actores maliciosos. Esta recopilación de información se conoce como tu huella digital, y te sigue a través de la web. Lo que parece un comportamiento inofensivo — dar "me gusta" a una publicación, usar la app de una tienda o registrarte en una prueba gratuita — crea poco a poco un perfil muy detallado sobre ti. Comprender esto es el primer paso para recuperar el control de tu privacidad en línea.

Una de las formas más sencillas de proteger tus datos es compartir menos. Eso significa pensar dos veces antes de completar formularios en línea, suscribirte a boletines o permitir que las aplicaciones accedan a tus contactos, cámara o ubicación. Pregúntate siempre: ¿realmente necesitan esta información? Muchos sitios solicitan mucho más de lo necesario. Empieza por reducir la información personal que publicas en redes sociales. Evita compartir tu fecha de nacimiento, dirección completa o planes de viaje en tiempo real. No participes en cuestionarios "divertidos" o encuestas virales — muchos son herramientas disfrazadas para recopilar datos. Al crear cuentas, usa iniciales o alias cuando sea posible, y utiliza correos electrónicos secundarios para registros no esenciales.

Tus dispositivos están llenos de aplicaciones que solicitan acceso constante a tu información. En tu teléfono, revisa qué apps tienen acceso al micrófono, cámara, GPS, contactos y almacenamiento. Desactiva permisos innecesarios. Una linterna no necesita tu ubicación. Una calculadora no necesita tus contactos. Tanto en Android como en iOS puedes limitar el acceso a la ubicación solo mientras usas la app o nunca. Aprovecha estas opciones. También desactiva el seguimiento publicitario en la configuración del dispositivo. Esto no te hace invisible, pero reduce significativamente la recopilación de datos.

Las herramientas que utilizas también importan. Cambiar a navegadores enfocados en privacidad como Brave, Firefox o Tor ayuda a minimizar el rastreo. Estos bloquean cookies, scripts y anuncios que siguen tu actividad. Configura motores de búsqueda como DuckDuckGo o Startpage, que no registran tu comportamiento. Instala herramientas como uBlock Origin, Privacy Badger o HTTPS Everywhere para bloquear rastreadores y mejorar la seguridad. También puedes usar herramientas de enmascaramiento de correo como Firefox Relay o "Hide My Email" de Apple para evitar compartir tu dirección real.

Los corredores de datos son empresas que recopilan y venden tu información personal, incluyendo edad, dirección, ingresos y hábitos de compra. Obtienen estos datos de registros públicos, compras en línea, redes sociales y uso de aplicaciones. Luego venden esta información a anunciantes, empresas e incluso estafadores. Puedes eliminar tus datos de muchos de estos servicios, aunque el proceso puede ser tedioso. Existen herramientas que automatizan este proceso y ayudan a reducir tu exposición. Cuanta más información esté disponible, mayor será el riesgo en caso de una filtración.

La privacidad no es algo que se configure una sola vez — es un hábito constante. Revisa periódicamente la configuración de privacidad en redes sociales, audita permisos de aplicaciones y elimina cuentas antiguas que ya no utilizas. Usa gestores de contraseñas y activa la autenticación en dos factores. La privacidad es una forma de defensa digital que te permite controlar qué saben otros sobre ti. Aunque es difícil eliminar completamente tu huella digital, puedes reducir su tamaño y valor para los ciberdelincuentes.

Lena era profesora, artista y viajera. Le encantaba compartir su vida en redes sociales. Publicaba fotos, ubicaciones y detalles de sus viajes sin preocuparse demasiado. Un día publicó desde un hotel, mostrando accidentalmente detalles como su ubicación y su habitación.

Al regresar a casa, encontró su apartamento abierto y sus pertenencias robadas. No hubo señales de entrada forzada. Alguien sabía que no estaba en casa.

Se dio cuenta de que ella misma había proporcionado la información. Sus publicaciones revelaban su ubicación, horarios y ausencia.

Con ayuda de un amigo experto en ciberseguridad, descubrió la cantidad de datos disponibles sobre ella en internet: cuentas antiguas, direcciones, información personal y más.

Decidió tomar control. Eliminó cuentas, ajustó configuraciones, limitó permisos y comenzó a usar herramientas de privacidad.

También cambió sus hábitos: dejó de compartir información en tiempo real, eliminó apps innecesarias y protegió sus cuentas con mayor seguridad.

Con el tiempo, pasó del miedo al empoderamiento. Empezó a educar a otros sobre privacidad digital y a compartir su experiencia.

Meses después, seguía compartiendo su vida, pero de forma más inteligente: sin ubicaciones en tiempo real ni detalles sensibles.

Ahora tenía una regla simple:
¿Le daría esta información a un desconocido en la calle?

Si la respuesta era no, no la compartía.

Esa regla cambió todo.

# Capítulo 7: Cómo asegurar tu correo electrónico, mensajería y cuentas de redes sociales

## *Tus plataformas de comunicación son objetivos prioritarios*

Tu correo electrónico, aplicaciones de mensajería y cuentas de redes sociales son más que herramientas de comunicación — son activos digitales de alto valor. Estas plataformas contienen conversaciones, archivos privados, contactos, historial y datos personales. Más importante aún, funcionan como puertas de acceso a otros servicios. Si alguien obtiene acceso a tu correo electrónico, puede restablecer contraseñas, eludir preguntas de seguridad y apoderarse de tu identidad en múltiples plataformas. Por eso son objetivos frecuentes de los hackers. Asegurarlas no solo significa proteger mensajes, sino toda tu vida digital.

Empieza por tu correo electrónico, especialmente si lo utilizas para registrarte en servicios bancarios, compras o almacenamiento en la nube. Usa una frase de contraseña fuerte y única y nunca la reutilices en otros sitios. Activa la autenticación en dos factores con una aplicación autenticadora en lugar de SMS. Revisa regularmente la configuración de seguridad y el historial de inicio de sesión para detectar accesos no autorizados. Configura alertas de reenvío de correo, ya que algunos atacantes redirigen mensajes sin que lo notes. También evita usar métodos de recuperación inseguros o desactualizados.

Las aplicaciones de mensajería modernas ofrecen cifrado de extremo a extremo, pero el acceso a la cuenta sigue siendo vulnerable. Aplicaciones como WhatsApp y Signal están vinculadas a tu número de teléfono. Si alguien clona tu SIM o accede a tu respaldo, puede leer tus mensajes o suplantarte. Activa todas las opciones de seguridad disponibles. En WhatsApp, habilita la verificación en dos pasos. En Signal y Telegram, usa bloqueos de registro y funciones de bloqueo de pantalla. En iMessage, asegúrate de que iCloud tenga autenticación en dos factores y desactiva inicios de sesión automáticos en dispositivos que no utilizas. Para conversaciones sensibles, considera usar aplicaciones que no almacenen metadatos.

Las redes sociales son objetivos frecuentes de suplantación, acoso y robo de datos. Revisa la configuración de privacidad y limita quién puede ver tus publicaciones, enviarte mensajes o acceder a tu lista de contactos. Evita compartir información personal como fecha de nacimiento completa o ubicación exacta. Activa la autenticación en dos factores y revisa regularmente los dispositivos conectados a tu cuenta. Ten cuidado con aplicaciones de terceros que solicitan acceso a tus cuentas, ya que pueden convertirse en riesgos de seguridad.

Incluso con buena seguridad, ningún sistema es infalible. Por eso es importante tener métodos de recuperación. Mantén actualizados tus correos y números de recuperación y guarda códigos de respaldo en un lugar seguro. En aplicaciones de mensajería, realiza copias de seguridad periódicas y protégelas adecuadamente. También puedes descargar una copia de tus datos en redes sociales para facilitar la recuperación en caso de pérdida de acceso.

Los hábitos son tan importantes como las herramientas. No hagas clic en enlaces sospechosos, incluso si parecen provenir de alguien conocido. Evita enviar información sensible por plataformas no seguras. Mantén tus aplicaciones actualizadas y utiliza contraseñas únicas para cada servicio.

Travis era entrenador y gestionaba redes sociales para su escuela. Un día notó correos extraños y mensajes enviados desde sus cuentas que él no había escrito. Su cuenta había sido comprometida.

Los atacantes usaron su correo electrónico para acceder a otras plataformas. Él no había activado autenticación en dos factores y reutilizaba contraseñas.

Con ayuda de un amigo, recuperó sus cuentas, cambió contraseñas, activó seguridad adicional y eliminó accesos sospechosos.

También comenzó a usar un gestor de contraseñas y a crear claves únicas. Aprendió a reconocer correos falsos y enlaces peligrosos.

Con el tiempo, reconstruyó su presencia en línea y ayudó a otros a mejorar su seguridad.

Ahora revisa su actividad regularmente, elimina accesos innecesarios y desconfía de enlaces sospechosos.

Aprendió que proteger sus cuentas es proteger su identidad, su reputación y la confianza de quienes lo rodean.

# Capítulo 8: Cómo proteger a tus hijos y a tu familia en línea

Las amenazas digitales no solo afectan a los adultos — impactan a todo el hogar. Los niños de hoy nacen en un mundo conectado, donde las pantallas, aplicaciones y juegos son tan normales como los lápices de colores y las bicicletas. Pero con esa conectividad viene la exposición: a depredadores, estafadores, contenido inapropiado, algoritmos adictivos y aplicaciones que invaden la privacidad. Como padre o tutor, es tu responsabilidad crear un entorno digital seguro — uno que permita a tu familia usar la tecnología con confianza y precaución. La ciberseguridad ya no es opcional en la crianza. Es una habilidad esencial para formar niños seguros y responsables en el entorno digital.

Comienza con lo básico: protege tu red Wi-Fi doméstica. Cambia la contraseña predeterminada del router y crea una frase segura. Usa cifrado WPA2 o WPA3 y considera ocultar el nombre de la red si vives en un área con muchas conexiones. También puedes crear una red de invitados para visitantes, evitando que accedan a los dispositivos principales de la familia. Configura controles parentales en todos los dispositivos. Teléfonos, tabletas y computadoras incluyen herramientas para limitar contenido, controlar el tiempo de uso, bloquear descargas y monitorear aplicaciones. Activa filtros de búsqueda segura y protege cada dispositivo con software de seguridad.

Incluso con controles, la educación es la defensa más poderosa. Enseña a los niños a no compartir información personal en línea — nombres completos, direcciones, fechas de nacimiento o escuela. Explícales la diferencia entre lo público y lo privado y anímalos a pedir permiso antes de publicar contenido. Deben entender que los desconocidos en internet siguen siendo desconocidos. Practica escenarios para que reconozcan manipulaciones o preguntas inapropiadas. Establece una regla clara: si algo los incomoda, deben hablar contigo de inmediato.

Las aplicaciones y juegos pueden parecer inofensivos, pero muchos incluyen compras internas, rastreo y recopilación de datos. Revisa los permisos antes de permitir instalaciones y desactiva accesos innecesarios. Usa filtros de edad para contenido adecuado. Retrasa el uso de redes sociales lo más posible. Si permites el acceso, configura cuentas privadas, desactiva ubicaciones y revisa contactos. Fomenta pausas del uso digital para evitar adicción o estrés.

Supervisar no significa invadir la privacidad, sino proteger la seguridad. Usa herramientas de control parental junto con conversaciones frecuentes. Establece zonas sin pantallas y límites diarios. Fomenta actividades fuera de línea. Da el ejemplo con hábitos digitales saludables. Define reglas claras como horarios, revisiones y permisos para nuevas aplicaciones.

El objetivo no es alejar a los niños de internet, sino enseñarles a usarlo con inteligencia. Crea un ambiente donde puedan hablar sin miedo. Refuerza el comportamiento responsable y enseña a toda la familia sobre privacidad. La ciberseguridad es un valor familiar, igual que el respeto y los límites.

Karen encontró una aplicación sospechosa en la tableta de su hija Mia. Parecía una calculadora, pero era una app oculta para guardar contenido privado.

Decidió hablar con calma. Mia explicó que ella y sus amigas compartían contenido y usaban la app para ocultarlo de sus padres.

Karen entendió que no era solo una regla rota, sino una exposición a presiones sociales digitales.

Tomó medidas: aseguró la red, activó controles parentales, revisó aplicaciones y configuró filtros.

También inició conversaciones constantes sobre privacidad, presión social y seguridad en línea.

Compartió la experiencia con otros padres, quienes desconocían muchos riesgos digitales.

Con el tiempo, Mia comenzó a confiar más y a reportar situaciones sospechosas.

Karen entendió que el objetivo no era controlar, sino acompañar.

Establecieron reglas claras y conversaciones semanales sobre tecnología.

El resultado fue un entorno más seguro y una relación más fuerte.

Karen no necesitaba saber todo de ciberseguridad — solo mantenerse presente, involucrada y abierta al diálogo.

# Capítulo 9: Cómo reconocer y responder al robo de identidad

### *Comprender qué es realmente el robo de identidad*

El robo de identidad ocurre cuando alguien roba tu información personal — como tu número de seguro social, número de tarjeta de crédito, licencia de conducir o credenciales de acceso — y la utiliza sin tu consentimiento, generalmente para cometer fraude. Esto puede incluir abrir cuentas bancarias a tu nombre, solicitar préstamos, presentar declaraciones de impuestos falsas, acceder a beneficios de seguro o incluso hacerse pasar por ti en línea. Las consecuencias pueden ir desde pérdidas financieras y daño a tu crédito hasta problemas legales y estrés emocional. En un mundo donde las filtraciones de datos son cada vez más comunes, aprender a reconocer y responder al robo de identidad es fundamental para tu seguridad a largo plazo y tu tranquilidad.

El robo de identidad no siempre se manifiesta de forma evidente. A menudo, las señales son sutiles. Puedes notar transacciones no autorizadas en tu tarjeta de crédito, recibir correspondencia sobre cuentas desconocidas o ver consultas inesperadas en tu historial crediticio. Otras señales incluyen que te nieguen crédito cuando antes tenías buen historial, recibir llamadas de cobradores por deudas que no reconoces o descubrir que alguien ya presentó tu declaración de impuestos. Incluso cambios pequeños, como dejar de recibir facturas o códigos de verificación, pueden indicar que tu información fue alterada sin tu permiso.

Si sospechas que has sido víctima, actúa de inmediato. Coloca una alerta de fraude en tu reporte crediticio a través de una de las principales agencias. Revisa tus reportes para identificar actividad sospechosa. Reporta el incidente a las autoridades correspondientes y a las instituciones afectadas, como bancos o proveedores de servicios. Solicita el cierre o congelación de cuentas comprometidas y guarda registros de cada acción realizada.

Después de contener la situación, es importante evitar daños futuros. Cambia todas tus contraseñas, especialmente aquellas vinculadas a cuentas críticas. Usa un gestor de contraseñas para generar claves únicas. Activa la autenticación en dos factores en todos los servicios importantes. Considera congelar tu crédito para evitar nuevas cuentas no autorizadas. Esto impide que terceros accedan a tu historial crediticio sin tu autorización.

La recuperación es solo una parte del proceso. También debes monitorear tu identidad de forma continua. Regístrate en servicios de monitoreo de crédito y revisa tus estados de cuenta regularmente. Solicita reportes de crédito al menos una vez al año. Mantén documentos importantes en lugares seguros y evita almacenarlos en correos electrónicos o billeteras digitales sin protección.

La mayoría de los casos de robo de identidad ocurren por hábitos digitales débiles. Reutilizar contraseñas, hacer clic en enlaces sospechosos, compartir información en redes públicas o ignorar actualizaciones son errores comunes. Mejora tus hábitos de seguridad: usa redes seguras, evita compartir información personal y revisa cada mensaje antes de interactuar. También es importante destruir documentos físicos con información sensible antes de desecharlos.

Anthony acababa de recibir una oferta de trabajo ideal. Sin embargo, durante la verificación de antecedentes, se detectaron cuentas en mora a su nombre que él no reconocía.

Al revisar su historial crediticio, encontró múltiples cuentas abiertas fraudulentamente. Había sido víctima de robo de identidad.

Contactó a las agencias de crédito, colocó alertas de fraude y reportó el caso oficialmente.

Recordó haber ingresado datos en páginas falsas y correos de phishing, lo que probablemente permitió el acceso a su información.

Pasó semanas resolviendo el problema: cerrando cuentas, presentando reportes y congelando su crédito.

También mejoró su seguridad: cambió contraseñas, activó autenticación en dos factores y utilizó herramientas de monitoreo.

Descubrió que su información había sido filtrada en varias brechas de datos.

Con el tiempo, recuperó su historial y continuó con su empleo. Pero cambió su mentalidad.

Ahora revisa sus cuentas regularmente, enseña a otros y actúa con precaución ante cualquier señal sospechosa.

Comprendió que la identidad no es solo un nombre, sino un conjunto de datos que deben protegerse constantemente.

# Capítulo 10: Cómo desarrollar una mentalidad de ciberseguridad para toda la vida

## *La ciberseguridad es un estilo de vida, no una lista de verificación*

Demasiadas personas ven la ciberseguridad como algo que se configura una sola vez — instalar un antivirus, cambiar algunas contraseñas, activar la autenticación en dos factores, y listo. Pero en realidad, la ciberseguridad no es solo una tarea. Es una mentalidad — una forma de pensar que integra la seguridad digital en la vida diaria. Las amenazas evolucionan constantemente, y también debe hacerlo tu nivel de conciencia. Ya sea en casa, viajando, comprando en línea o trabajando de forma remota, tu capacidad de pensar críticamente y actuar con precaución determina tu nivel de protección. Una mentalidad de ciberseguridad a largo plazo convierte la reacción en prevención.

Uno de los mayores desafíos es mantenerse actualizado. Nuevas estafas, técnicas de phishing y ataques aparecen todos los días. Pero estar informado no significa vivir con miedo, sino desarrollar una conciencia saludable. Puedes suscribirte a fuentes confiables de información, leer resúmenes semanales o seguir alertas de seguridad. La clave es convertir el aprendizaje en un hábito constante.

Compartir lo que sabes fortalece la seguridad de todos. La mayoría de los ataques no ocurren por tecnología avanzada, sino por errores humanos. Enseñar a otros a reconocer amenazas, usar contraseñas seguras y actualizar sus sistemas ayuda a crear un "firewall humano". No necesitas ser experto para ayudar — solo transmitir lo aprendido puede marcar una gran diferencia.

La seguridad debe formar parte de tus hábitos diarios. Usa un gestor de contraseñas cada vez que crees una cuenta. Activa una VPN en redes públicas. Verifica enlaces antes de hacer clic. Instala actualizaciones cuando aparezcan. Practica detenerte y verificar antes de actuar. Estas pequeñas decisiones reducen significativamente el riesgo.

También es importante hacer limpieza digital regularmente. Revisa permisos de aplicaciones, elimina cuentas que no uses, limpia el historial del navegador y actualiza contraseñas clave. Es como mantener tu entorno digital ordenado y seguro.

La comodidad y la seguridad deben equilibrarse. Funciones como autocompletar, compras con un clic o dispositivos inteligentes facilitan la vida, pero pueden aumentar la exposición. Una buena mentalidad implica evaluar cada decisión: ¿vale la pena el riesgo? ¿puedo añadir protección sin perder comodidad?

La ciberseguridad nunca termina. A medida que la tecnología avanza, también lo hacen las amenazas. Es importante adaptarse, aprender continuamente y estar preparado para lo inesperado. Tener planes de respaldo, códigos de recuperación seguros y contactos de confianza puede marcar la diferencia en una emergencia.

Priya no pensaba mucho en la ciberseguridad hasta que casi pierde su negocio. Un día se conectó a una red Wi-Fi pública falsa sin darse cuenta. Horas después, alguien accedió a su correo, almacenamiento en la nube y sitio web.

No fue un ataque complejo — fue un descuido.

Pasó días recuperando cuentas y entendiendo lo ocurrido. Decidió cambiar sus hábitos por completo.

Comenzó a usar un gestor de contraseñas, activó autenticación en dos factores, configuró su navegador para mayor privacidad y dejó de usar redes públicas sin protección.

También empezó a verificar enlaces, limitar permisos de aplicaciones y revisar su información en línea.

Con el tiempo, su mentalidad cambió. La ciberseguridad dejó de ser una tarea y se convirtió en parte de su vida.

Incluso comenzó a enseñar a otros, ayudando a profesionales a proteger sus negocios digitales.

Ahora realiza revisiones periódicas, mantiene sus sistemas actualizados y actúa con precaución.

Aprendió que la seguridad no depende de saberlo todo, sino de mantenerse atento y dispuesto a aprender.

En la era digital, la protección no es solo tecnología — es una mentalidad diaria.

# Epílogo: Un tú más seguro comienza ahora

Si has llegado hasta este punto, felicidades. Has dado el primer —y más importante— paso para proteger tu vida digital: la conciencia. Internet ha cambiado la forma en que vivimos, trabajamos y nos conectamos. Pero con ese poder viene la responsabilidad. Ya no podemos permitirnos tratar la ciberseguridad como el trabajo de otra persona, ni asumir que las configuraciones de seguridad que "configuramos y olvidamos" hace años siguen siendo suficientes. La verdad es que las amenazas digitales no descansan. Pero tu capacidad para superarlas tampoco.

No necesitas convertirte en un genio de la tecnología o en un analista de ciberseguridad para mantenerte seguro en línea. Simplemente necesitas mantenerte alerta, adoptar hábitos inteligentes y seguir siendo curioso. Cada historia de este libro mostró ejemplos reales de personas comunes —dueños de negocios, padres, freelancers, estudiantes— que fueron atacadas no por ser famosas, sino por estar conectadas. Igual que tú.

El mundo digital recompensa la velocidad, la comodidad y el intercambio constante de información. Pero esas mismas cualidades también pueden exponernos. Un clic, una contraseña reutilizada, un enlace no verificado —eso suele ser todo lo que se necesita para convertirse en víctima. Por eso la ciberseguridad no es un problema de software. Es un problema de decisiones humanas. Y la buena noticia es que los humanos pueden aprender. Y tú ya lo has hecho.

Este libro no solo te dio consejos. Te dio un marco: protege tus dispositivos, asegura tus cuentas, reconoce estafas, respalda tus datos, piensa críticamente y comparte lo que sabes con quienes te importan. Si haces esas cosas de manera constante —no perfecta— ya serás más seguro que el 90% de las personas.

Ahora has construido una base. El reto es mantenerla fuerte.

La ciberseguridad no es un destino. Es un estilo de vida. A medida que surgen nuevas amenazas —desde phishing generado por inteligencia artificial hasta suplantación biométrica o deepfakes— tu tarea es adaptarte, no entrar en pánico. Mantente tranquilo, informado, y cuando algo no lo entiendas, tómate unos minutos para investigarlo. Muchas veces, esa pausa es suficiente para detectar una estafa o asegurar una configuración.

No te desanimes si olvidas algún paso o bajas la guardia. Lo importante es tu compromiso de corregir el rumbo. Te volverás más inteligente con cada artículo, cada actualización, cada momento de aprendizaje. Piensa en tu higiene digital como cerrar la puerta de tu casa, lavarte las manos o ponerte el cinturón de seguridad. No es dramático. Es simplemente inteligente.

Si eres padre, enseña a tus hijos desde temprano. Si eres líder, capacita a tu equipo. Si formas parte de una comunidad, comparte las verdades simples que has aprendido aquí. La mayoría de las personas no cae en el cibercrimen por falta de inteligencia, sino porque nadie les enseñó qué señales reconocer.

Pero ahora que tú lo sabes, estás en posición de liderar con el ejemplo.

Puedes ser la razón por la que tu hogar esté más seguro. Puedes ser la voz que recuerde verificar enlaces antes de hacer clic. Puedes ser la persona que enseñe a otros a congelar su crédito, reportar phishing o recuperar una identidad robada. Una sola conversación puede cambiar la vida de alguien —o salvar su vida digital.

Y cuando te frustres —cuando las contraseñas parezcan complicadas o la privacidad imposible— recuerda esto: no eres impotente. Estás mejor preparado que la mayoría. Y esa preparación te da ventaja.

La ciberseguridad no significa que nunca serás un objetivo. Significa que sabrás qué hacer cuando lo seas.

Así que tómate un momento para reconocer cuánto has avanzado. Desde aprender cómo operan los estafadores hasta fortalecer tus contraseñas y proteger a tu familia en línea, has adquirido habilidades que la mayoría nunca tendrá. No solo aprendiste. Cambiaste tu forma de pensar.

Ese es el verdadero logro.

Al cerrar este libro, recuerda esta verdad final: la ciberseguridad no es solo defensa. Es poder. Tú eres dueño de tus datos. Tú controlas tu identidad digital. Tú estableces los límites de tu vida en línea.

Y ahora estás listo para defenderlos —no con miedo, sino con confianza.

Avanza no solo como usuario de la tecnología... sino como su dueño.

Porque en un mundo donde los datos son poder, ahora eres más fuerte que nunca.

www.ingramcontent.com/pod-product-compliance
Ingram Content Group UK Ltd.
Pitfield, Milton Keynes, MK11 3LW, UK
UKHW020155290926
15471UKWH00005B/879

9 798295 831546